pense rápido: reunião de equipe

Título do original: Fast Thinking Team Meeting

Tradução:
Maria Aparecida Baptista

Editoração Eletrônica:
José Luis Guijarro

CIP-BRASIL. CATALOGAÇÃO-NA-FONTE
SINDICATO NACIONAL DOS EDITORES DE LIVROS, RJ.

J46r

Jay, Ros
Reunião de equipe
/ Ros Jay; [tradução de Maria Aparecida Baptista]. – Barueri, SP:
Manole, 2003.
– (Pense rápido; 4)

Tradução de: Team meeting
ISBN 85-204-1659-4

1. Reuniões. 2. Reuniões de negócios.
I. Título. II. Série.

02-1599. CDD 658.456
CDU 65.012.63

12.09.02 16.09.02 001719

ISBN: 85-204-1659-4

1ª edição brasileira – 2003

Direitos em língua portuguesa adquiridos pela:
Editora Manole Ltda.
Av. Ceci, 672 – Tamboré
06460-120 – Barueri – SP – Brasil
Fone: (0_ _ 11) 4196 6000 – Fax: (0_ _ 11) 4196 6007
www.manole.com.br
info@manole.com.br

Impresso no Brasil
Printed in Brazil

pense rápido: reunião de equipe

- mantenha o foco
- motive a equipe
- atinja suas metas

Ros Jay

Manole

índice

introdução

Então, que tipo de reunião vai ser, desta vez? Reunião de projeto? Reunião interdepartamental? Reunião informativa com a equipe? Seja qual for, você precisará de tempo para se preparar para ela adequadamente – mas... que tempo? Há dias você vem tentando começar a planejá-la, mas, de alguma forma, o trabalho acabou por atropelar você (não é sempre a mesma coisa?) – e, agora, chegou a hora... a última hora! A reunião será dentro de sessenta minutos e você nem começou a pensar nela, ainda. Até agora.

O que você precisa é um guia rápido (definitivamente rápido) de como planejar e conduzir reuniões de equipe eficientes e sem perda de tempo. Bem, aqui está ele. Este livro contém tudo o que você precisa saber para planejar e se preparar para suas reuniões. E, chegada a reunião, você também não poderá desperdiçar tempo. Você precisa fazer reuniões que lhe tomem o mínimo de tempo possível, para que possa voltar logo para o seu dia-a-dia. E, evidentemente, elas precisam ser produtivas de fato: se já é suficientemente difícil arranjar tempo para as reuniões, é preciso aproveitá-lo muito bem, quando as fizer.

Este livro ensina como preparar e conduzir reuniões de equipe. Poder-se-ia argumentar que qualquer reunião é, por natureza, uma reunião de equipe. A ela comparecem várias pessoas que, para efeito da reunião, estão trabalhando juntas como um grupo. Mas a expressão "reunião de equipe" implica que os membros do grupo também trabalhem juntos fora da reunião, seja em um departamento, em um projeto ou em uma mesma empresa. Esta é a suposição formulada neste livro e com a qual trabalharemos. (Saiba que praticamente as mesmas regras se aplicam a qualquer outro tipo de reunião.)

A maioria das reuniões de equipe, embora nem todas, são reuniões periódicas, que se repetem regularmente. Entretanto, isso não quer dizer que o que você preparou para a última reunião servirá para esta. Cada reunião requer uma nova preparação. E é possível que suas reuniões periódicas lhe pareçam sempre insatisfatórias, seja por serem mal-preparadas, por se estenderem por muito tempo ou por resultarem improdutivas. Você gostaria de fazer alguma coisa a respeito, mas não tem tempo para ir a seminários ou ler livros extensos sobre práticas administrativas. Simplesmente, o que você quer são:

- **dicas para parecer saber mais do que realmente sabe**
- **atalhos que lhe permitam cortar o caminho de uma longa preparação**
- **lista de itens indispensáveis que você possa consultar na última hora**

...tudo apresentado de forma clara e simples. E concisa o suficiente para uma leitura rápida, é óbvio.

Suponhamos que sua reunião seja amanhã. Naquele seu tão sonhado mundo perfeito, você já teria terminado de preparar a reunião, a esta altura. A pauta, com todos os detalhes, já teria circulado há dez dias, e você teria reservado em sua agenda umas duas horinhas na tarde de hoje para relaxadamente sentar-se e ler com atenção todos os trabalhos, relatórios e informações que serão objeto da reunião. E ainda teria reservado mais 15 minutos antes da reunião, amanhã, para entrar em sintonia e refletir sobre os principais resultados que você espera dela.

Acorde! Este aqui é o mundo real, e, se você conseguir chegar a tempo à reunião, já será um grande feito, e maior ainda, se lhe sobrarem 30 segundos antes dela para que você consiga se lembrar de onde está. É por essa razão que este livro o conduzirá ao longo de todo o processo de maneira rápida, reservando uma pequena seção ao final para preparo de reuniões em dez minutos, se você estiver trabalhando no alucinante ritmo da vida moderna.

Então, respire bem fundo e relaxe: está tudo aqui. Ao chegar ao fim do livro seguindo as instruções aqui contidas, sua reunião estará planejada e preparada, e você estará pronto para conduzi-la com extraordinária eficiência e máxima produtividade. E, o que é melhor, você também encontrará todas as informações de que precisa para fazer as coisas com mais calma, quando passar a emergência do momento (se é que algum dia isso acontecerá!).

trabalhe no ritmo da vida moderna

Este livro o ensinará a preparar e conduzir uma reunião de equipe percorrendo as cinco seguintes etapas principais:

1 Comece definindo o objetivo da reunião, para que possa ser mais rápido e inteligente nas etapas de planejamento e execução.

2 O próximo passo é preparar a pauta – mais do que simplesmente uma lista de itens rabiscados de última hora para discussão, uma pauta bem-preparada tornará a reunião muito mais rápida e produtiva.

3 Agora você precisa envolver as outras pessoas, circulando os relatórios ou informações relevantes.

4 Depois disso vem a tarefa de conduzir a reunião propriamente dita; começaremos examinando as habilidades práticas de que você necessita para que suas reuniões possam durar metade do tempo com o dobro da eficiência.

5 As habilidades das pessoas são igualmente importantes, quando se trata de conseguir o melhor resultado para suas reuniões; portanto, examinaremos também esse tema.

Finalmente, daremos uma olhada nas orientações específicas a determinados tipos de reuniões de equipe:

- reuniões periódicas de departamento
- reuniões interdepartamentais
- reuniões de projeto
- reuniões informativas.

Este livro o ensinará a preparar e conduzir uma reunião de equipe percorrendo cinco etapas

riscos inerentes

Todo mundo admite que é preciso reservar um pouco mais de tempo para se preparar reuniões de equipe (embora ninguém saiba dizer onde se vai encontrar tempo para isso). A idéia é que não se consegue planejar e fazer reuniões de maneira eficiente a toque de caixa. Mas será que isso realmente é verdade?

Desde que atue de forma inteligente e ao mesmo tempo rápida, não há por que você não possa fazer reuniões de equipe melhores do que as que seus colegas fazem, mesmo gastando apenas a metade do tempo que eles gastam. Mas há riscos inerentes às reuniões feitas a toque de caixa. Eis alguns dos principais:

- **Se a pauta não for preparada com bastante antecedência, também não circulará com bastante antecedência. Isso significa que os demais participantes poderão não ter tempo suficiente para se preparar bem (você não é o único a ter mais trabalho do que tempo, você sabe!). Falta de informações e argumentos pouco elaborados em nada contribuem para a produtividade de reuniões.**
- **Se estiver sem tempo, você muito provavelmente não dará conta de ler todos os relatórios antes da reunião (não mesmo?). Parecer mal-informado sobre o conteúdo de sua própria reunião em nada contribuirá para a sua credibilidade, além de diminuir a eficácia da reunião.**
- **Em reuniões podem surgir problemas e conflitos, que serão mais fáceis de administrar se você tiver tido algum tempo para pensar neles de antemão e para eles se preparar.**

Este *Pense Rápido* assegurará que suas reuniões de equipe sejam profissionais, rápidas e eficientes. Mas a chance de aproveitar ao máximo o tempo que gasta em reuniões será muito maior, se você começar a se preparar com bastante antecedência. Por isso, procure sempre fazer um bom aquecimento, antes de uma reunião. Caso contrário, pense rápido e siga em frente.

Se a pauta não for preparada com bastante antecedência, também não circulará com bastante antecedência

1 seu objetivo

Objetivo? Para uma reunião? Mas, não acabamos de concordar que o tempo é curto? Não temos tempo para ficar pensando em objetivos, certo? Errado. Temos tempo para isso, sim; sinto muito, é preciso fazê-lo. Mas, antes que você se irrite e feche o livro, achando que foi mais um dinheiro gasto inutilmente, deixe-me explicar.

Estabelecer um objetivo pode ajudar a agilizar suas reuniões. Pense bem: quando você sabe qual é o seu objetivo, fica fácil perceber quais itens da pauta atingem esse objetivo e quais não. E muitas vezes você pode eliminar aqueles itens que não atingem o objetivo. Pronto, já está começando a mudar de figura. A bem da verdade, há vezes em que você pode eliminar a própria reunião, se ela não ajudar a alcançar o seu objetivo. É isso mesmo. Cancelada! Pessoal, podem ir embora, não vamos ter reunião esta semana. Arranjem outra coisa para fazer no lugar.

Espero que assim você perceba melhor como é valioso definir um objetivo. Obviamente, o que mais importa é assegurar que a reunião atinja a meta a que se propõe (definindo-se precisamente o que ela se propõe fazer). Mas também é importante, nesta era da velocidade, evitar perder tempo com quaisquer outras coisas. Portanto, você precisa iniciar o processo com um objetivo claro.

Quase sempre, o objetivo da reunião coincidirá com o objetivo da equipe. Por exemplo:

- **assegurar que o projeto seja concluído dentro do prazo e dos limites orçamentários**
- **proporcionar lucros à empresa e satisfação ao cliente**
- **manter baixos os custos operacionais e alta a produtividade**
- **assegurar que o departamento alcance suas metas.**

Essas são as razões para você estar fazendo essa reunião, e é preciso não perder de vista o seu objetivo. Você não deverá levar mais do que um ou dois minutos para formulá-lo; assim que o fizer, escreva-o. Uma das primeiras coisas que tendemos a fazer quando estamos com pressa é parar de pensar. Mas alguns momentos de reflexão agora lhe pouparão um tempo precioso mais tarde. E mais: se sua reunião for periódica, não será preciso passar por esse mesmo processo todas as vezes. O objetivo da reunião mensal da equipe será sempre

Quando você sabe qual é o seu objetivo, fica fácil perceber quais itens da pauta atingem esse objetivo e quais não

use a cabeça

PAUSA

Force-se a parar tudo o que está fazendo até conseguir identificar o seu objetivo. Cronometre três minutos e não se permita fazer qualquer outra coisa durante esse intervalo. Dessa forma, você não se sentirá tentado a pular essa pequena parte, só porque está correndo contra o relógio.

o mesmo; você simplesmente necessitará se lembrar dele a cada mês.

Tendo um objetivo claro, você pode considerar cada item sugerido para a pauta à luz dele – conforme veremos mais adiante. Se o item não ajudá-lo a atingir o objetivo da reunião, poderá muito bem ser cortado. Se mesmo assim merecer atenção, talvez possa ser tratado em uma discussão informal, em uma troca de *e-mails* ou memorandos, ou mesmo em uma reunião à parte.

POR QUE VOCÊ ESTÁ FAZENDO ESSA REUNIÃO?

A maior parte das reuniões realizadas regularmente tem uma mesma razão: trata-se da reunião semanal, quinzenal ou mensal; portanto, é realizada a cada semana, quinzena ou mês. Mas você realmente precisa realizá-la? Se a reunião não contribui de nenhuma forma para alcançar o objetivo da equipe, para que realizá-la? A primeira pergunta que você deve fazer, ao planejar uma reunião, é: "Será que realmente precisamos desta reunião?" Se a resposta for 'não', cancele a reunião. Afinal, a reunião é sua – você pode fazer o que quiser. Você não tem tempo para fazer reuniões desnecessárias:

- **Talvez você geralmente precise da reunião semanal, mas esta semana ela não tem razão de ser.**
- **Talvez você possa mudar a periodicidade das reuniões, de quinzenais para mensais, ou de semanais para quinzenais.**

O lado social

Embora o melhor caminho seja quase sempre cancelar reuniões desnecessárias, vale a pena ter em mente que reuniões de equipe têm uma importante função social. Às vezes é válido fazer uma

pense rápido

PEGUE O TELEFONE

Você conseguiria substituir a reunião por uma conversa por teleconferência? Saiba que reuniões por teleconferência tendem a ser muito mais rápidas. Para poupar tempo, pode-se alternar a forma de fazer reuniões periódicas: uma vez pessoalmente com todos, outra vez por telefone.

reunião mais freqüentemente do que seria necessário, ou fazê-la cara a cara, ao invés de pelo telefone, a fim de colher os benefícios sociais, que são:

- **Estabelecer e reforçar a identidade da equipe.**
- **Reforçar o papel de cada um na equipe, o lugar na hierarquia e o valor da contribuição individual (reforçando também sua posição como chefe da equipe).**
- **Estabelecer compromisso e responsabilidade coletivos – decisões tomadas democraticamente têm mais chance de ser apoiadas por todos, mesmo por aqueles que não tenham votado a favor delas.**

Portanto, não faça uma reunião apenas pelo lado social – uma cervejinha com o pessoal depois do horário poderá render o mesmo efeito – mas tenha-o como um ponto a favor, na hora de decidir se faz ou cancela uma reunião.

Preparando reuniões de última hora

Sejamos francos: não é possível organizar uma reunião verdadeiramente primorosa e profissional no prazo de uma hora. Isto, porque você teria de ter feito a pauta circular pelo menos uma semana atrás. A preparação, você certamente pode fazer em uma hora e, muitas vezes, em até bem menos do que isso. Mas não agora. Na semana passada.

A pauta precisa circular para dar tempo às pessoas de ler informações ou relatórios pertinentes, coletar dados que queiram apresentar na reunião ou encontrar os números que sustentem sua visão acerca de um item importante da pauta. Ela também dá tempo às pessoas de falar com você, se fizerem questão da inclusão de algum outro tópico ou do adiamento para a próxima reunião de algum item constante da pauta.

Sem essa oportunidade, é bem possível que você acabe achando a reunião uma perda de tempo, porque as pessoas nem passaram os olhos no relatório de que trata determinado item, ou porque ficou faltando uma informação vital, sem a qual você não pode chegar à decisão que gostaria. Ou porque as pessoas ficam discutindo sobre o que deveria e o que não deveria constar da pauta.

Então, o que você pode fazer agora? Bem, você tem três opções:

1 Meu melhor conselho é adiar a reunião, se puder, mesmo que por apenas três ou quatro dias. Talvez você até tenha condições de cancelá-la, se se tratar de uma reunião periódica sem nenhum assunto urgente para discutir. Use o tempo que lhe sobrou agora para elaborar e fazer circular a pauta, realizando a reunião depois que todos tiverem tempo de lê-la e se preparar.

2 Se isso não for possível, faça então uma reunião breve, para cobrir somente aqueles itens da pauta que não podem esperar. Adie todo o restante para a próxima reunião.

3 Se você forçosamente tiver de fazer a reunião, faça-a. Mas prometa a si mesmo que começará a planejar com mais antecedência, da próxima vez (e promessa é promessa... não é?).

para a próxima vez

Lembre-se, você não precisa de mais tempo para se preparar bem para uma reunião. Você precisa do mesmo tempo, só que de mais antecedência. Portanto, antes da próxima reunião:

- Peça às pessoas com prazo razoável os relatórios ou informações que necessitarão circular (em geral você irá pedi-los na reunião anterior).
- Prepare a pauta de uma semana a dez dias antes da reunião (ou três dias, no caso de uma reunião semanal). Reserve essa hora em sua agenda com bastante antecedência. Na verdade, para reuniões periódicas, você poderia pegar sua agenda agora e já marcar essa hora para o resto do ano.
- Faça circular a pauta, anexando todas as informações necessárias, com bastante antecedência – lembre-se: a maioria dos seus colegas também tem mais trabalho do que tempo.

Lembre-se, você não precisa de mais tempo para se preparar bem para uma reunião. Você precisa do mesmo tempo, só que de mais antecedência

2 a pauta

Verdade seja dita: a maioria das pessoas faz pautas patéticas, que não passam de uma lista de itens para discutir. Isso pode ser melhor do que nada, mas, realmente, essas pautas costumam ser meros pró-memórias para assegurar que nada seja esquecido.

A verdadeira pauta, contudo, é capaz de agilizar sua reunião, tornando-a mais produtiva e mais clara para todos. Evitará confusões e desperdício de tempo e assegurará que cada um dos itens alcance um resultado final concreto. Com ela, você será capaz de conduzir suas reuniões com presteza, semeando resultados, decisões e providências por toda a sua volta.

Para ilustrar o valor de uma pauta bem-feita, talvez seja útil lembrar-lhe o que pode acontecer com aquelas "listas" que costumam passar por pautas de reunião. Quantas vezes as seguintes situações ocorrem em reuniões?

- Você passa 20 minutos discutindo qual das duas propostas aceitar: a de preço mais alto ou a de preço mais baixo. O custo desses 20 minutos – em termos do valor do seu tempo e o dos demais envolvidos – é muito superior à economia de custos que você está debatendo.
- Você passa meia hora discutindo um item da pauta, mas não chega a conclusão alguma, e tem de discutir tudo novamente, em uma outra ocasião.
- Você discute as metas para o próximo ano em 15 minutos, e depois passa 45 minutos debatendo sobre a nova distribuição de vagas "reservadas" do estacionamento.
- Algum participante aparece sem as informações necessárias para apresentar na reunião por ter compreendido mal um item da pauta. Por exemplo, no item "exposição NEC", ele entendeu que se tratava de discutir a programação, quando na verdade se tratava de já discutir detalhes para participação na feira de negócios; por isso, não levou as cotações nem o esboço de projeto para o stand.
- Você sai da reunião sem ter condições de iniciar certas tarefas, porque a decisão que aguardava não foi tomada.

Bem, há boas notícias para você: todo esse desperdício de tempo e ineficiência são agora coisa do passado, pelo menos em suas reuniões. Uma pauta clara e bem-planejada significa que suas reuniões de equipe serão ágeis, o tempo será controlado de maneira eficiente e os itens terão um propósito – chega de discussões vagas que não levam a nada. Então, como é que se faz essa pauta?

A verdadeira pauta é capaz de agilizar sua reunião, tornando-a mais produtiva e mais clara para todos

Os itens da pauta

O primeiro passo é definir quais tópicos devem constar da pauta. Você já terá alguns itens na cabeça, sem dúvida, e talvez solicitações de outras pessoas. A outra fonte importante de tópicos para a pauta é a ata da última reunião (supondo que não se trate de uma reunião extraordinária). A ata poderá estipular certas providências a serem tomadas até a realização dessa próxima reunião.

De posse desses itens, o problema mais comum nesta fase é achar que a lista é grande demais. Uma reunião periódica de equipe não deveria durar muito mais que uma hora – as pessoas não têm nem tempo, nem concentração para mais. Já uma reunião de projeto ou uma reunião

use a cabeça

ATINGINDO O SEU OBJETIVO

Confronte todos os itens da pauta com o seu objetivo, para ter certeza de que devam ser discutidos na reunião. Elimine todos os que não devam – talvez seja o caso de discuti-los ou colocá-los em votação fora da reunião, por um grupo menor de pessoas, ou talvez até mesmo uma única pessoa possa cuidar deles sozinha, ao invés de desperdiçar o tempo da reunião.

interdepartamental poderão requerer mais tempo, embora a experiência demonstre que não deveriam ultrapassar duas horas. Você está tentando abreviar sua reunião, mas sua lista de itens não está cooperando nem um pouco. Então, se precisar enxugar a pauta, aqui vão algumas dicas:

- **Se a pauta estiver mais longa do que de costume, adie itens não-urgentes para a próxima reunião (evidentemente, isso não funcionará se a pauta ficar do mesmo tamanho para a próxima reunião, também).**
- **Verifique se algum tópico poderia ser tratado por um subgrupo. Tal subgrupo poderia ter poder de decisão, se necessário, ou poderia trazer sua contribuição à reunião principal, sem necessidade de repetir todo o debate.**
- **Às vezes uma solução mais simples, e mais produtiva a longo prazo, é programar mais de uma reunião. Nem todos precisarão participar de ambas, se você as planejar de maneira sensata, e isso também contribuirá para agilizá-las (reuniões pequenas são sempre mais rápidas do que as grandes).**
- **Alguns itens da pauta geralmente são apenas de caráter informativo. Examinaremos esses itens detalhadamente mais adiante, mas, muitas vezes, não há nenhuma necessidade de tomarem tempo da reunião – simplesmente, podem circular por todos os participantes como informação e nem precisam constar da pauta.**

pense rápido

NADA DE OUTROS ASSUNTOS

Uma das melhores maneiras de poupar tempo em reuniões é banir da pauta itens inespecíficos do tipo "diversos" ou "outros assuntos" – eles são um convite para as pessoas devanearem sobre o que discutir, apenas pelo propósito de discutir. Às vezes, também, esse item é usado por espertinhos como estratagema para colocar em discussão, com fins maquiavélicos, tópicos que ninguém estava preparado para debater. Ocasionalmente você poderá consentir na inclusão de um tópico de última hora, quando houver razão concreta que o justifique, mas não dê muita brecha.

ORDENANDO A PAUTA

O próximo passo é colocar os itens da pauta em uma ordem lógica. Isso não quer dizer simplesmente que o item mais importante deva figurar em primeiro lugar: como suas reuniões não irão se estender além do necessário, tudo será discutido pelo tempo que for apropriado. Aqui vão diversas dicas úteis para organizar sua pauta da maneira mais eficiente possível:

- **Tópicos realmente urgentes devem figurar em primeiro lugar. Suas reuniões poderão transcorrer dentro do tempo estipulado, mas sempre há a possibilidade de o prédio pegar fogo ou algum outro imprevisto interromper a reunião.**

- Às vezes determinado item depende do resultado de outro, e isso afetará a ordem da discussão. Por exemplo, não faz sentido discutir a programação para a exposição da NEC, se você ainda não definiu se irá participar ou não.
- É sensato agrupar itens que tenham relação entre si, para que as pessoas não tenham de fazer muitas acrobacias mentais durante a reunião.

Essas são as considerações logísticas, mas há também fatores psicológicos que afetam a organização da pauta:

- As pessoas tendem a estar mais acordadas e a ser mais criativas no início de uma reunião; portanto, os tópicos que demandarem idéias brilhantes e pensamentos criativos estarão melhor situados no topo da pauta.
- Após cerca de 15 a 20 minutos instala-se um lapso de atenção; essa, portanto, é uma boa hora para discutir algum item quente que seja capaz de animar a discussão, mesmo nesta etapa.
- Alguns tópicos aproximam o grupo, enquanto outros o dividem. Esteja ciente disso ao elaborar a pauta. Você poderá querer começar aglutinando o grupo, antes de introduzir os tópicos mais controversos, ou poderá achar melhor fazer o contrário. Mas fique ciente de qual ordem está usando, porque isso influirá no clima de toda a reunião.

use a cabeça

UNIDOS VENCEREMOS

Qualquer que seja a ordem escolhida para os itens que tendem a aproximar ou dividir a equipe, você deve sempre finalizar com um item em torno do qual todos se aglutinem – de preferência em torno de uma causa comum. Pode ser qualquer coisa, desde a criação de outro departamento até a discussão de nova legislação; o importante é que todos saiam da reunião com o espírito de equipe fortalecido.

ACRESCENTANDO OS DETALHES

O que você tem agora não é ainda uma pauta; continua sendo apenas uma lista de tópicos para discussão. Agora é preciso transformá-la em pauta. E isso se faz acrescentando os detalhes. Uma pauta precisa mais de clareza do que de brevidade. Não importa que sua pauta tenha duas ou até três páginas, contanto que ajude todos a entender sobre o que será a reunião.

Isso não significa que você deva escrever um ensaio para cada tópico. De qualquer maneira, nem há tempo para isso. Mas é preciso deixar claro qual aspecto do tópico está em discussão; do contrário, as pessoas não terão condições de se preparar devidamente para a reunião. Assim, em vez de escrever simplesmente: "Novo catálogo", é muito mais útil escrever "Discutir o formato do catálogo em face do orçamento e dos custos" – e então, anexar os custos, evidentemente. De outra forma, a maioria das pessoas não saberá se você vai discutir o formato, o projeto gráfico, o conteúdo ou o cronograma.

Desse modo, se você colocar claramente o seu objetivo, o tópico da pauta ficaria mais ou menos assim:

Discutir o novo catálogo de vendas em face do orçamento e dos custos:

- **formato**
- **projeto gráfico**
- **conteúdo**
- **cronograma.**

Já está ficando me hor. Qualquer um tem condições de saber exatamente o que deverá ser discutido, podendo assim preparar algumas idéias ou ler material informativo para o tópico. Mas ainda podemos melhorar. Já se sabe perfeitamente o teor dos assuntos, mas, onde se quer chegar com a discussão?

pense rápido

PARA AGILIZAR

Se houver vários pontos a discutir dentro de determinado tópico, uma das maneiras mais rápidas e claras de evidenciar isso na pauta é através de sinal gráfico indicativo de enumeração.

Reuniões não são feitas para discutir temas indefinidamente e apenas pelo prazer de fazê-lo. Quem tem tempo para isso? Você certamente não tem! As discussões têm de levar a algum lugar, ter um propósito, atingir alguma finalidade. Mas, qual? Apenas três motivos justificam a inclusão de um item em sua pauta:

1 para informação
2 para ação
3 para decisão.

Examinemos rapidamente cada um dos três, e você verá como tudo pode encaixar-se em uma dessas três categorias.

INFORMAÇÃO

Não há razão para desperdiçar o tempo de todos transmitindo informações que podem circular facilmente no papel. O único motivo para abordar na reunião um item informativo é se for necessário transmitir a informação pessoalmente. Isso se justifica quando a informação:

- **necessita ser esclarecida ou explicada em detalhes, podendo suscitar dúvidas que as pessoas precisarão esclarecer.**
- **deve partir de uma pessoa em particular.**
- **tem profundo significado para os participantes da reunião.**

Relatórios de andamento de projetos freqüentemente necessitam ser divulgados em uma reunião, para que as pessoas possam esclarecer suas dúvidas.

Ação

Esses itens costumam ser precedidos por alguma dose de discussão. Ao final, conclui-se por uma providência a ser tomada. Existem os mais variados tipos de opções, como:

- **pesquisar dados ou informações específicas para trazer para a próxima reunião**
- **marcar outra reunião ou formar uma comissão para tratar do assunto com maior profundidade e reportar os resultados**
- **tomar medidas específicas: contratar um projetista; cortar o tempo de confirmação para pedidos online para dez minutos; modificar o desenho da embalagem visando a facilitar sua abertura – você sabe o tipo de coisa que é definida em reuniões.**

Decisão

Os itens dessa categoria abrangem os assuntos que devem ser objeto de decisão na reunião. De certa forma, muitas providências são pontos de decisão delegados – se todos concordamos em relação à política adotada, podemos deixar que outras pessoas tomem as decisões sem desperdício do tempo da reunião. Mas os pontos de decisão são importantes demais para serem delegados. Costumam começar com a exposição de uma política, mas é preciso que os participantes decidam: "Como implementaremos isso?" Freqüentemente é preciso fazer com que os presentes cheguem a uma decisão muito mais pelo efeito psicológico de todos sentirem que têm uma participação nela.

Assim, você certamente precisará discutir alguns itens, mas a discussão deverá levá-lo um pouco além do ponto onde você começou. Não se trata apenas de uma conversa vaga que não leve a lugar algum. No final dela, você deverá tomar uma decisão ou alcançar um consenso sobre determinada providência a ser tomada para que o assunto progrida.

Você pode saber aonde cada item pretende chegar, mas isso de nada adiantará, se os demais participantes não o souberem. Coloque na pauta o objetivo, para que todos saibam do que se trata. Você verá que isso pode levar a uma pauta ligeiramente mais longa. Ótimo. Quanto mais informação, melhor as pessoas podem se preparar para a reunião.

Assim, o tópico sobre o "novo catálogo" ficará agora mais parecido com o seguinte:

1: Discutir o novo catálogo de vendas em face do orçamento e dos custos:

Para decisão:

- **formato – número de páginas/tamanho/ cores etc.**

Para ação:

- **projeto gráfico – definir estilo e pedir cotações**
- **conteúdo – definir o tom do texto (folha anexa) e redator**
- **cronograma – discutir as etapas do projeto, para que o cronograma possa ser preparado.**

Você pode estar se perguntando onde vai encontrar tempo para elaborar essa pauta. Bem, não se preocupe, realmente não é muito demorado. Você já tem todas as informações, simplesmente está colocando-as no papel. Depois de fazer isso, suas anotações estarão prontas, e o processo de pensar funciona como uma valiosa preparação. A sua preparação resume-se a isso: elaborar uma boa pauta.

A sua preparação resume-se a isso: elaborar uma boa pauta

pense rápido

ANOTE

Você sabe quais reuniões terá proximamente. Por que não ter uma folha ou ficha para fazer anotações sobre cada uma delas? Quando alguma coisa surgir, ou alguma idéia lhe ocorrer, ponha-a no papel. Pense sobre aquele tópico da pauta enquanto está esperando ser atendido ao telefone, ou o modem do seu computador conectar-se. Quando chegar a hora de escrever a pauta, você já terá anotado a maior parte dos itens importantes juntamente com os detalhes que precisa enumerar.

ATRIBUINDO TEMPO PARA CADA TÓPICO

Você já está quase lá. Mas é preciso acrescentar apenas mais um ingrediente, para criar uma pauta absolutamente indispensável. É preciso atribuir tempo para cada tópico. Sei que quase ninguém faz isso, mas dois errados não fazem um certo. Se você não pode perder tempo, é bom saber quanto tempo você não vai desperdiçar.

Suponha que você tenha oito itens na pauta e não queira que a reunião se prolongue por mais de uma hora (você não tem tempo e também não há necessidade de ela se prolongar). Como você vai assegurar que o primeiro item não demore além da conta, acabando por obrigá-lo a deixar outros de fora? Calculando quanto tempo você pode dispensar para a discussão de cada item. É assim que se faz.

Não adianta simplesmente dividir a hora em oito partes iguais, é óbvio. Avaliar a proposta de integração das funções de vendas e de *marketing*, por exemplo, demora muito mais do que definir a data da próxima reunião. Portanto, atribua o tempo com base em dois critérios:

a quanto tempo o tópico *requer*

b quanto tempo o tópico *merece*.

Alguns itens de menor importância às vezes acabam tomando alguns minutos para serem resolvidos e, inversamente, itens de grande importância às vezes não requerem tanto tempo. Mas julgue as cotas de tempo com base na experiência e no bom senso, certificando-se de que a soma delas não ultrapasse o total de tempo que você quer gastar com essa reunião.

Depois, escreva os tempos ao lado de cada tópico, de forma que cada participante possa mentalmente se preparar para um debate substancial ou uma rápida pincelada. A forma mais simples de fazer isso é escrever um horário de início ao lado de cada item da pauta – além de ser um modo rápido de verificar se você está dentro do tempo programado, conforme a reunião vai se desenrolando. Então, para finalizarmos, o seu tópico ficará mais ou menos assim:

1: Discutir o novo catálogo de vendas em face do orçamento e dos custos: 10h35min

Para decisão:

- **formato – número de páginas/tamanho/ cores etc.**

Para ação:

- **projeto gráfico – definir estilo e pedir cotações**
- **conteúdo – definir o tom do texto (folha anexa) e redator**
- **cronograma – discutir as etapas do projeto, para que o cronograma possa ser preparado.**

E pronto. Essa é a arte de elaborar uma pauta realmente eficiente e produtiva. E a forma inteligente de assegurar que todos cheguem para a reunião preparados para cada tópico e sabendo o que esperar. Então, quando chegar a hora de fazer a reunião, você verá que metade da batalha já estará ganha.

pense rápido

PODANDO DIVAGAÇÕES

Se houver a probabilidade de algum participante começar a divagar a respeito de determinado tópico de sua particular predileção, pergunte-lhe antecipadamente quanto tempo você deveria atribuir ao tópico na pauta, e conduza-o no sentido de comprometer-se em torno de um tempo razoável. Isso facilitará muito o trabalho de controlá-lo, quando chegar a hora. Você pode até começar dizendo: "Muito bem, item 3. O Márcio e eu calculamos que poderemos discutir esse item confortavelmente em dez minutos, não é, Márcio?"

para a próxima vez

Neste capítulo você aprendeu a forma mais inteligente, e também bastante rápida, de elaborar uma pauta. Mas, se tiver o luxo de um pouco mais de tempo, poderá valer a pena conversar com uma ou duas pessoas importantes que participarão da reunião, mesmo que seja apenas para trazê-las para o seu lado.

Sempre há assuntos dos quais determinadas pessoas se julgam "donas". Elas podem estar encarregadas do projeto em questão, ou ser a autoridade reconhecida no que se refere ao computador ou à mala direta. Pedir a contribuição delas, quando você for preparar a pauta, pode ser útil para torná-la realista, além de fazer a outra pessoa se sentir envolvida.

Sempre há assuntos dos quais determinadas pessoas se julgam "donas"

3 envolvendo os outros

Para usar de sinceridade, é um pouco tarde para este capítulo, se você tiver de entrar na reunião dentro de meia hora. Mas, se conseguiu seguir o conselho do Capítulo 1 para adiar a reunião, você achará o conteúdo deste capítulo valioso para poupar tempo, quando realmente for realizá-la.

Uma vez preparada a pauta, você precisa informar as outras pessoas que participarão da reunião. Portanto, a primeira coisa a fazer é decidir quem participará. Reuniões pequenas são sempre mais rápidas, e freqüentemente mais produtivas, do que as grandes. Isso significa que o ideal é convocar o menor número de pessoas possível para sua reunião. Como orientação geral:

- **O número ideal de participantes é entre quatro e sete.**
- **Até dez pessoas é administrável.**
- **Faça o que for preciso para evitar reuniões com mais de doze pessoas – senão você vai passar o dia todo em reunião!**

Está tudo muito bem, mas não é tão fácil assim deixar pessoas de fora de uma reunião. Todos reclamamos de reuniões, mas detestamos ser excluídos. As pessoas podem pensar que não foram convocadas porque não são consideradas suficientemente importantes. Ou simplesmente podem querer a oportunidade de apresentar o seu ponto de vista. Bem, há maneiras de contornar essas dificuldades. O importante é ter em mente a necessidade de manter pequeno o número de participantes, porque você não tem tempo para uma reunião enorme e inadministrável. Então, aqui vão algumas idéias:

- **Examine a pauta e verifique se algumas pessoas poderão ser dispensadas depois de transcorrida metade da reunião, ou se poderão chegar na hora da discussão do item 4 (outro benefício de colocar horários na pauta). Você não vai querer um entra-e-sai constante em sua reunião, mas muitas vezes é possível subdividir a pauta em duas ou até três seções de maneira muito simples, e assim nem todos precisarão participar da discussão de todos os itens.**
- **Outra opção é fazer duas reuniões menores e separadas para poder lidar com um grande número de participantes, assim como já sugerimos anteriormente com relação a uma pauta extralonga.**
- **Faça com que um grupo pequeno se reúna antecipadamente para discutir certos itens e depois peça a apenas um representante dessa reunião que participe da sua reunião maior, trazendo os comentários ou propostas pertinentes.**

Dito isso, cabe entretanto lembrar que às vezes é preciso fazer com que a equipe se reúna, a fim de reforçar sua identidade como grupo. Reuniões para conversar e informar a equipe (tema que examinaremos mais detalhadamente adiante) poderão ser maiores, assim como outras reuniões de caráter eminentemente informativo, que não sejam para discutir nem levar a providências ou decisões.

use a cabeça

IMPORTANTE DEMAIS PARA UMA REUNIÃO

Se você achar que alguma pessoa poderá se sentir melindrada se você a excluir, chame-a com antecedência. Diga: "Você é ocupado demais para vir a esta reunião; se puder incomodá-lo um pouquinho agora, para que faça algum comentário ou sugestão, não teremos necessidade de empatar o seu tempo, quando você tem coisas mais urgentes a fazer."

MATERIAL INFORMATIVO

Você já decidiu quem irá convocar para a reunião, mas, antes de fazer a pauta circular, precisa acrescentar os anexos pertinentes, ou seja, o material informativo. Assumindo que você seja uma pessoa normal, você provavelmente ficará com dor de estômago só de pensar em relatórios anexos. Todos aqueles calhamaços que você sabe que não terá tempo para ler...

pense rápido

LIDANDO COM DOCUMENTOS

Se algum dia acontecer de você não encontrar tempo algum para ler relatórios que deveria ler, mesmo assim poderá dar a impressão de ter feito a lição de casa. Coloque algumas daquelas notinhas adesivas nas páginas, sublinhe trechos aleatoriamente e faça pontos de interrogação com caneta vermelha nas margens.

Se essa sempre foi sua opinião reservada acerca de relatórios anexos, parabéns. O seu instinto está certo. Montanhas de material informativo com uma pauta precariamente equilibrada em cima são, para usar de franqueza, uma grande estupidez. Você lê todos eles, de cabo a rabo? Claro que não. Nem você, nem ninguém!

Mas saiba que material informativo circulado com antecedência realmente tem algum valor, de forma que não o abandonaríamos por completo:

- **É melhor, porque evita que todos fiquem lendo a papelada na reunião. Você já deve ter participado daquele joguinho – todos sentados em silêncio lendo... e esperando até que o último retardatário termine.**
- **Significa que as pessoas podem pensar no tópico antes da reunião e comparecer armadas de comentários ou idéias úteis.**

Montanhas de material informativo são, para usar de franqueza, uma grande estupidez

use a cabeça

PROBLEMAS TÉCNICOS

Alguns relatórios, tais como documentos financeiros ou estatísticos, podem produzir melhor efeito se apresentados na hora da reunião, ao invés de circulados com antecedência. Poderão requerer explicações ou suscitar dúvidas, que necessitarão ser esclarecidas pessoalmente.

- **Se alguém quiser acrescentar algum dado ao material distribuído, terá tempo de encontrar a informação antes da reunião.**

Portanto, se não quisermos uma montanha de papéis (e de fato não queremos papelada alguma mesmo!), deveríamos deixar claro um meio-termo. Relatórios *breves*. Peça às pessoas para fornecer documentação *sucinta*, avisando-as com o máximo de antecedência.

Uma vez decididas as pessoas a serem convocadas para a reunião, e recolhida a (breve) documentação necessária, você poderá fazê-la circular juntamente com a pauta. E com isso sua preparação estará terminada.

para a próxima vez

Adote como regra para suas reuniões que todo material informativo a circular com a pauta deverá ser o mais sucinto possível. Se tiver um tamanho significativo, deverá ser acompanhado de um resumo de uma página. (Já que esse resumo é tudo o que as pessoas vão acabar lendo, o resto do relatório poderá muito bem ser descartado.)

Às vezes é necessário fazer circular um relatório ou documento mais extenso; da mesma forma, você deverá anexar um breve resumo, se não houver um já incluído. Isso poupará um tempo enorme para você e todos os demais, tanto antes quanto durante a reunião.

Peça às pessoas para fornecer documentação sucinta, avisando-as com o máximo de antecedência

4 conduzindo a reunião

Vamos primeiro concluir esta parte preocupante. Como gerente, você é julgado pelos resultados. Os resultados são conseqüência de ações e decisões – que, por sua vez, são o produto de reuniões eficazes. Em outras palavras, a eficácia de suas reuniões determinará seus resultados e, por conseguinte, sua reputação.

Não há como fugir do fato de que o sucesso ou o fracasso de uma reunião depende das habilidades de quem a conduz. Contudo, há um lado positivo nisso: se a reunião for boa, todos saberão que foi graças a você (apesar de que as pessoas não irão efetivamente agradecer-lhe). Se suas reuniões alcançarem resultados, e os alcançarem rapidamente, sua reputação será formidável.

Sua preparação já o colocou no melhor ponto do caminho para uma reunião bem-sucedida. Você já:

- **tem um objetivo claro**

- **fez uma pauta detalhada e útil, estabelecendo o resultado a alcançar e o tempo a despender em cada item**
- **convocou somente aquelas pessoas de que realmente irá precisar, estando todas bem-preparadas e com material informativo sucinto, se necessário.**

Agora é fazer logo essa reunião, mas sem pular nem um item, nem deixar nada importante de fora.

Estrutura

A primeira coisa a observar é a maneira como você aborda cada tópico. De nada adianta chegar a um tópico de modo aleatório, pulando do terceiro para o oitavo item, sem que saiba de onde você está vindo e para onde está indo. É preciso abordar cada item de maneira lógica, para que todos na reunião acompanhem sem dificuldade. Algumas pessoas poderão estar profundamente envolvidas, ao passo que outras poderão não estar bem a par do assunto ou nem ter ouvido falar sobre ele até aquele momento.

Portanto, todos os tópicos precisam ser introduzidos. Você pode pedir à pessoa mais diretamente responsável por ele que faça uma introdução, ou você mesmo pode cuidar disso. De qualquer forma, a introdução deve abranger brevemente o seguinte:

1 por que o tópico está na pauta

FAZENDO AS INTRODUÇÕES

Se outra pessoa for responsável por determinado tópico, o normal é que você peça a ela para fazer a introdução. Todavia, se ela for do tipo incapaz de ser breve, você mesmo pode cuidar da tarefa – mas arranje um jeitinho de fazê-lo sem ofender ou melindrar a pessoa. Quando se tratar de um tópico controverso, também poderá ser prudente que você faça a introdução, pois nesse caso a neutralidade é importante. Do contrário, poderá ficar a impressão de que você aprova o lado da argumentação representado por quem a introduziu.

2 um rápido resumo do assunto até o presente
3 o que precisa ser definido, proposto ou decidido nesta reunião
4 os principais argumentos contra e a favor apresentados até o momento
5 os possíveis cursos de ação a serem tomados nesta reunião

Raramente uma introdução deve levar mais do que um ou dois minutos, e você deve explicar isso aos demais participantes – e demonstrar com um exemplo. Suponhamos, para ilustrar, que se trate do tópico do novo catálogo de vendas. Você pode introduzi-lo dizendo:

Necessitamos de um novo catálogo de vendas antes dos lançamentos de setembro, e precisamos definir como empregar nossos recursos da melhor maneira possível para confeccioná-lo.

O catálogo antigo está desatualizado e recebemos reclamações de que não está suficientemente completo. Por isso, em linhas gerais temos de decidir como aproveitar da melhor maneira o orçamento de que dispomos.

Há um argumento a favor de produzirmos um catálogo extenso e abrangente, mesmo que para isso tenhamos de optar por um projeto gráfico razoavelmente simples e econômico. Outra opção seria fazermos um catálogo principal enxuto e com acabamento luxuoso, se confeccionássemos um catálogo auxiliar mais simples, em preto-e-branco, com uma lista mais detalhada da linha de produtos.

Portanto, o que está na mesa para decidirmos é se teremos apenas um catálogo, completíssimo mas de acabamento simples, ou se teremos dois – um sofisticado e outro razoavelmente barato, em preto-e-branco.

Também precisamos agilizar o texto e o projeto gráfico, e sair daqui com um cronograma decidido, para que possamos acompanhar o bom andamento do projeto.

Não há dúvida de que essa breve introdução ocupará pouco tempo, poupando ainda uma série de perguntas, dúvidas e confusões a respeito da natureza da discussão, e assim por diante.

Terminada a introdução, há uma estrutura de quatro passos que lhe permitirá examinar o resto do tópico sem perder tempo:

1 Analise as evidências.

2 Discuta as implicações.

3 Chegue a uma conclusão.

4 Tome uma decisão.

Analise as evidências. Você precisa analisar todos os detalhes relevantes que sustentam os argumentos agora. Se houver algo substancial a considerar, já terá circulado anteriormente, de maneira que você não precisará perder tempo fazendo toda a leitura na reunião. Mas é preciso apresentar números, custos, amostras de catálogos, resultados de pesquisas, etc. – todas as informações necessárias para levar adiante a discussão.

Discuta as implicações. Aqui reside o debate de fato. Todas as evidências foram apresentadas aos participantes; portanto, agora é hora de ouvir opiniões e argumentos e discutir as respectivas implicações.

Chegue a uma conclusão. Uma vez dito todo o necessário, a tendência é que as pessoas comecem a se repetir, se você deixar. Ao sentir que tudo o que é útil já foi dito, conduza a equipe no sentido de desenvolver um consenso em torno do melhor curso de ação.

Tome uma decisão. Agora resuma a conclusão a que chegaram e registre-a por escrito, anotando também quaisquer providências que dela decorram (examinaremos como fazer atas mais adiante, neste mesmo capítulo).

Agora lembremos de seu papel como condutor da reunião. Sua obrigação é fazer com que a equipe siga os passos acima em cada tópico. É preciso ficar lembrando os participantes em que estágio se encontra a reunião toda a vez que começarem a divagar. Por exemplo: "Espere aí, pessoal, ainda não ouvimos todos os argumentos; portanto, ainda não podemos partir para as conclusões" ou "Não precisamos discutir os fatos – já os conhecemos. Precisamos avançar e discutir as implicações."

use a cabeça

ESCREVA

Um recurso útil é escrever perguntas-chave em um quadro ou flip chart – por exemplo: O que esses fatos significam para nós? – a fim de manter o foco das pessoas.

É preciso mostrar firmeza e controle. Se permitir algum tipo de comportamento inadequado – intimidações ou digressões – você estará abrindo o precedente para os demais. Portanto, não deixe que

Não deixe que o grupo se desvie do propósito central da reunião

II pense rápido

FALANDO PELOS COTOVELOS

Um dos maiores desafios, quando você quer que uma discussão seja breve, é lidar com uma pessoa naturalmente tagarela. Se quiser interromper o discurso, lembre-se do seguinte: não tente ficar na frente do carro, tome a direção. Pegue uma observação que ela tenha feito e engate a próxima marcha, levando a discussão adiante. Por exemplo: "Muito bem lembrado, Paulo, e vale a pena pensarmos nisso. Qual a sua opinião, Ana? Você acha que temos gente suficiente para participar de uma feira por três dias?"

o grupo se desvie do propósito central da reunião. Mas, cuidado, não use de mão de ferro – a não ser que a calce com luva de veludo. Em outras palavras, seja firme, porém sem constranger as pessoas.

Você poderá precisar intervir ocasionalmente, para assegurar a participantes mais tímidos a oportunidade de falar, ou para pedir a contribuição de alguém cuja opinião você acha que será valiosa. Ou talvez seja preciso interromper uma discussão complexa e fazer um resumo, ao perceber que está reinando certa confusão no grupo.

É claro que você não quer ficar perdendo tempo, mas, se tiver uma pauta sensata e se permanecer firme no comando, será capaz de fazer a reunião transcorrer no prazo, sem nenhuma sensação de afobação ou pressão que force as pessoas a tomar decisões que ainda não estejam prontas a tomar.

MANTENDO-SE NO HORÁRIO...

...isso nos leva a outro aspecto essencial do seu trabalho. Você não quer coagir as pessoas, mas também não quer desperdiçar o tempo delas. Você precisa agilizar a reunião e criar um clima de urgência sem precipitação.

O primeiro passo para isso é assegurar que as reuniões comecem pontualmente. Você não detesta ter de ficar esperando dez minutos no início de todas as reuniões, até que todos cheguem? A solução é simples: comece a reunião no horário (claro, você tem de dar o exemplo). Se estiver faltando alguém, essa pessoa perderá a chance de contribuir. E não volte atrás nem retome a primeira parte da reunião quando ela finalmente chegar: ela descobrirá o que aconteceu quando ler a ata. Não demorará muito e todos aprenderão a chegar pontualmente para as suas reuniões.

use a cabeça

ATRASOS

Registre na ata de cada reunião quem chegou atrasado ou saiu mais cedo. Ostensivamente, você estará registrando quem esteve presente quando determinado assunto foi discutido ou decidido. Mas a atitude irá, na prática, fazer com que as pessoas se toquem e comecem a ser pontuais.

Você precisa criar um clima de urgência sem precipitação

pense rápido

INVERTENDO O JOGO

Se houver a probabilidade de sua reunião ser prejudicada pelos típicos embromadores, marque-a para uma hora antes do almoço, ou para o final da tarde. Poucos se dispõem a embromações, quando se trata de avançar pelo seu horário pessoal de almoço ou de saída.

Outro costumeiro fator de desperdício de tempo é quando as pessoas começam a discorrer longamente sobre assuntos extrapauta ou tentam circular papéis na reunião simplesmente porque não fizeram sua parte no devido tempo, ou seja, não mandaram circular o material junto com a pauta. Não permita esse tipo de coisa. A menos que a pessoa tenha uma razão muito forte, por exemplo um item que teve de ser acrescentado mais tarde, faça-a esperar até a próxima reunião para que seu tópico seja discutido. Ela logo aprenderá.

No que se refere ao transcurso geral da reunião, você pode incentivar as pessoas a cumprir o horário de várias maneiras:

- **Faça com que elas se concentrem no assunto. Se você nunca permite digressões (nem piadinhas inoportunas, por mais engraçadas que sejam), os outros irão parar de tentar introduzi-las em suas reuniões. Seja coerente, e** tudo ficará cada vez mais fácil. A propósito, isso não quer dizer que você não deva permitir o humor, que pode ser de inestimável valor em reuniões; apenas não permita que ele conduza a digressões desnecessárias.

- Lembre-as do tempo: "Só temos dez minutos para este item, pessoal, portanto precisamos avançar para uma conclusão."
- Se suas próprias contribuições forem concisas e pertinentes, as pessoas tenderão a imitá-lo (não o tempo todo, mas de uma forma geral).
- Adote um tom de voz ágil e dinâmico, para mostrar que você quer seguir adiante.
- Acelere a resposta das pessoas com sua linguagem corporal: incline-se para a frente, faça contato visual com quem está falando, levante as sobrancelhas e acene rapidamente com a cabeça em sinal de concordância para indicar que o argumento já foi defendido.

Você também pode assegurar que cada item da pauta seja levado à conclusão pretendida. Mas, se isso eventualmente não for possível por alguma razão, abandone-o rapidamente e siga em frente com a reunião. Os indicadores de que um item deve ser abandonado são, entre outros, os seguintes:

- Vocês não têm em mãos todos os fatos necessários para chegar a uma conclusão.
- Você precisa da contribuição de pessoas que estão ausentes.

pense rápido

REDIGINDO EM GRUPO

Um fator comum de desperdício de tempo em reuniões são discussões sobre algum material escrito que acabam degenerando para um exercício geral de redação em grupo. Se você perceber isso acontecendo, faça com que todos cheguem a um consenso sobre os problemas do texto e então delegue a alguém a tarefa de redigir nova minuta e fazê-la circular posteriormente.

- **Todos precisam de mais tempo para pensar e discutir o assunto com outros colegas.**
- **As coisas estão tomando um rumo que poderá inviabilizar a decisão que vocês tomarem agora.**
- **Vocês não têm tempo para apreciar o assunto com a profundidade que ele merece nesta reunião.**
- **Ficou claro que o assunto pode ser resolvido com mais rapidez e eficiência fora da reunião.**

Em qualquer desses casos, você deve encerrar o tópico e seguir em frente, mas não deixe de tomar alguma medida para que o assunto continue recebendo atenção e não morra por aí – peça para que sejam pesquisadas as informações necessárias e circuladas antes da próxima reunião, marque outra reunião ou outra medida qualquer.

use a cabeça

AFASTANDO QUALQUER DÚVIDA

Se houver qualquer chance de dúvida ou questionamento, você poderá ler os trechos da ata à medida que os for redigindo, ao final de cada tópico, verificando se todos concordam.

ATAS

Sua reunião terá sido uma total perda de tempo se, no final, todo mundo for embora sem que nada aconteça. Talvez tenham pensado que alguém iria tomar providências. Talvez não tenham se dado conta de que foi tomada uma decisão final. É fundamental que não haja qualquer dúvida sobre o que aconteceu na reunião e o que irá acontecer a seguir. É para isso que existem atas de reunião.

Não importa quem redija a ata, *você* é o responsável por ela. Ela não precisa ser extensa, mas deve ser clara. Nela devem constar:

- **a data, a hora e o local da reunião, e quem a presidiu.**
- **os nomes dos presentes e justificativas de eventuais ausentes – bem como nomes e horários daqueles que chegaram atrasados ou saíram antes de terminada a reunião.**
- **cada item discutido da pauta. Para cada item, devem constar na ata os principais argumentos, decisões ou pro-**

Sua reunião terá sido uma total perda de tempo se, no final, todo mundo for embora sem que nada aconteça

vidências, e o nome da pessoa encarregada das providências.

- **o horário em que a reunião foi encerrada.**
- **a data, a hora e o local da próxima reunião.**

pense rápido

AGENDANDO UMA DATA

Em geral, é muito mais rápido e prático pegar a agenda ao final de uma reunião e marcar a data da próxima (assumindo que a reunião não tenha datas fixas pré-agendadas), do que ficar horas telefonando para um e para outro para agendar a próxima, mais tarde.

para a próxima vez

Fazer reuniões mais rápidas e produtivas não toma mais tempo do que fazer reuniões improdutivas – aliás, é óbvio que toma menos tempo. Então, você já pode fazer direito desta vez, tanto quanto da próxima.

Mas há regras básicas que você pode seguir em todas as próximas vezes, visando a uma facilidade cada vez maior na condução de reuniões rápidas e eficazes. Conhecido o seu estilo, a equipe irá adaptar-se a ele naturalmente. E quanto mais coerente ele for, mais rápida e facilmente as pessoas o reconhecerão. Portanto, para assegurar agilidade em suas reuniões, seja coerente em relação aos seguintes aspectos:

- comece pontualmente todas as reuniões, estejam todos presentes ou não
- seja o mais breve possível, ao fazer as introduções de cada tópico
- desestimule digressões
- insista na circulação antecipada de relatórios ou informações (a menos que estes acompanhem itens incluídos na pauta de última hora)
- seja breve e objetivo em relação às suas próprias contribuições.

5 lidando com pessoas

Já tratamos de tudo o que você precisa saber para bem conduzir suas reuniões... desde, é claro, que todos os participantes sejam permanentemente afáveis, receptivos, confiantes e cooperativos. Se você nunca tem de lidar com qualquer conflito, agressão ou comportamento autoritário em suas reuniões, só posso concluir que você trabalhe para uma ordem trapista.

Mas, se você habita o mundo real, assim como todos nós, vai precisar saber como lidar com pessoas, se quiser que suas reuniões continuem sendo rápidas e eficazes. Algumas reuniões podem transcorrer na maior tranqüilidade, mas outras testarão suas habilidades ao extremo. Se você não conseguir ficar firme no comando, a reunião irá degenerar, demorar muito mais do que deveria e alcançar menos resultados. E o que é pior: poderá provocar ressentimentos e impressões negativas na equipe. É por isso que as habilidades de uma pessoa são de vital importância para conduzir reuniões de maneira produtiva.

Servidor, e não senhor

Você pode até ser o superior hierárquico de todos na reunião, mas sua função, ao conduzi-la, é servir à equipe. Não lhe cabe prevalecer-se do cargo, impor decisões, dar opiniões, nem exercer poder. Comportando-se assim, você provocará efeitos danosos à reunião:

- **Irá intimidar pessoas menos confiantes, que poderão não se sentir à vontade para fazer comentários ou propor idéias que poderiam ser úteis.**
- **As pessoas não irão dar opiniões, se acharem que você as mandará se calarem ou as ridicularizará.**
- **Os participantes não se sentirão co-responsáveis por decisões que lhes forem impostas.**

Você estará lá para assegurar que a reunião atinja os resultados desejados. Você deverá, portanto:

- **Manter o foco do grupo.**
- **Dar explicações e esclarecimentos sempre que necessário.**
- **Conduzir a discussão rumo a uma resolução no menor tempo possível.**
- **Permanecer neutro.**

Opa! Espere aí! Permanecer *neutro*? Você é o chefe e vai deixar as decisões serem tomadas dian-

Não lhe cabe prevalecer-se do cargo, impor decisões, dar opiniões, nem exercer poder

te do seu nariz, sem ao menos expressar uma opinião? Isso não pode estar certo, não!

Mas está certo, sim, e é muito importante que assim seja. Pense um pouquinho. Os seus interesses são os interesses do grupo e é essencial, para um livre fluxo de idéias e opiniões, que pensem que você está do lado de todos. Dessa forma, acharão que você está sendo justo e a tarefa de manter a disciplina se tornará muito mais fácil. Você está servindo ao grupo – você simplesmente quer que os participantes cheguem à melhor decisão.

E mais: se der sua opinião – especialmente se for logo no início – poderá inibir participantes mais jovens e hierarquicamente inferiores de expressar opiniões contrárias, por medo de discutir com o chefe. Não apenas eles devem se sentir encorajados a dizer o que pensam, mas também há uma boa chance de eles terem algum argumento importante a ponderar, que valerá a pena ser ouvido.

E quanto à sua opinião? Bem, outra pessoa logo irá expressar o mesmo que você pensa, e ela o fará por você, sem que ninguém precise saber qual é sua opinião. Nesse caso, supondo que o debate não o tenha feito mudar de opinião, você poderá aduzir em favor do colega que tenha expressado o seu pensamento.

As regras básicas

Uma das vantagens de reuniões de equipe é que todos se conhecem, e as reuniões provavelmente

use a cabeça

DEFENDA SEU PONTO DE VISTA

Se houver perigo de suas opiniões não serem expressas tão bem quanto gostaria, ou de certos argumentos serem omitidos, fale reservadamente antes da reunião com um colega que partilhe das mesmas idéias que você. Certifique-se de que ele irá expressar os pontos de vista que você deseja defender e guarneça-o de quaisquer argumentos úteis de que ele possa precisar.

são periódicas e razoavelmente freqüentes. Por isso, se você conseguir estabelecer um estilo claro de reunião desde o início, as pessoas vão aprender a seguir as regras, sem necessidade de imposição. Evidentemente, isso não será de muita utilidade para a reunião de hoje, nem de amanhã, mas você pode começar a definir as regras básicas desde já. Em pouco tempo você começará a ver os resultados: reuniões mais fáceis, mais agradáveis e mais rápidas.

Você precisa deixar as regras básicas bem claras, para que todos as entendam perfeitamente. Discordâncias não são nenhum problema – na verdade, são muitas vezes necessárias para que se encontre o melhor encaminhamento para uma questão – mas jamais devem se tornar pessoais ou desagradáveis. Para assegurar que suas reuniões sigam esse princípio, você precisa estimular um sen-

Você precisa deixar as regras básicas bem claras, para que todos as entendam perfeitamente

so de respeito pela reunião e por todos os participantes. Por isso, estabeleça quatro "regrinhas" para toda a equipe seguir:

1 Sempre peça esclarecimento, se algo não estiver claro.

2 Por outro lado, sempre esteja disposto a dar explicações ou a responder a perguntas de outros membros da equipe.

3 Todos podem incentivar os membros mais tímidos da equipe a manifestar a sua opinião e manter sob vigilância os membros mais dominadores.

4 Os membros da equipe devem ouvir uns aos outros e tratar toda idéia com respeito, mesmo dela discordando.

Lidando com agressões

Discordâncias podem ser uma maneira saudável de trazer à tona novas idéias e costumam levar a soluções melhores. O problema é que as pessoas podem se envolver emocionalmente, fazendo com que uma discordância racional rapidamente se transforme em argumento agressivo. Às vezes as pessoas se prendem muito às suas próprias idéias e não as querem ver rejeitadas, caso contrário se sentem como se estivessem sendo pessoalmente criticadas. Às vezes determinada decisão acarreta trabalho extra ou problemas para elas; por isso elas se colocam terminantemente contra a decisão.

Do seu ponto de vista, tudo isso é improdutivo e desperdiça um tempo precioso. E, além do mais, você quer manter boas as relações entre os membros da equipe tanto dentro quanto fora da reunião. Então você precisa encontrar maneiras de manter sob controle provocações e ressentimentos, evitando assim que a reunião se torne desagradável.

O ideal é que você seja capaz de reconhecer a formação de uma tempestade e detê-la na origem. É muito mais fácil manter a paz do que conseguir restabelecê-la, se ela for perdida. Por isso, assim que o clima começar a esquentar, tome providência. Retruque à primeira provocação pessoal que ouvir: "Gente, nada de ataques pessoais. Não estamos discutindo o que deu errado da última vez. Precisamos é decidir quanto tempo necessitaremos para a preparação deste contrato."

Há um processo de quatro etapas bastante útil para esfriar discussões excessivamente acaloradas e fazer a reunião seguir adiante:

1 Deixe que as pessoas desabafem.

2 Mantenha-se neutro.

3 Envolva o resto do grupo.

4 Atenha-se aos fatos.

Ao notar que uma altercação se aproxima, aja rápido. Quanto mais rápido você colocar em prática essas técnicas, menos complicações terá.

Deixe que as pessoas desabafem

O primeiro princípio é que, uma vez exaltados os ânimos, é contraproducente tentar reprimi-los. Você mesmo sabe que, quando está zangado e alguém lhe diz para ficar calmo, você fica com vontade de esganar a pessoa. E a coisa que mais irrita é sentir que ninguém está dando a menor atenção.

Por isso, assim que você sentir emoções exaltadas no ar, peça à pessoa em questão para expressá-las. Essa oportunidade de desabafar a ajudará a sentir que o grupo pelo menos está dando atenção a ela, deixando-a acalmar-se por si mesma. Pergunte o que está se passando e insista para que o resto da equipe escute sem interromper por alguns

use a cabeça

NOTANDO O SENTIMENTO ALHEIO

Não é somente em relação a agressões que você tem de ficar alerta. Se alguém se mostra amuado ou retraído, é preciso saber reconhecer esses sinais e lidar com eles da mesma forma. Use a palavra "sentir", ao invés de "pensar", para incentivar a pessoa a expressar seus sentimentos. Diga algo como: "Estou vendo que você não está se sentindo muito feliz com isto. Qual é o problema?"

momentos, até que a pessoa tenha colocado os seus sentimentos para fora.

Logicamente, você não quer uma briga. Se sentir que há esse perigo, repreenda firmemente qualquer observação ou comentário que estiver resvalando para o lado pessoal, impedindo que esse tipo de discussão comece. Você pode intervir e deixar que cada pessoa fale de cada vez, mas faça com que elas falem através de você, e não diretamente uma à outra, até que os ânimos se acalmem.

Defendidos os argumentos e liberada a agressão, as pessoas tendem a se acalmar por si próprias. Zangadas, elas tendem a ser teimosas ou turronas, mas, uma vez mais calmas, fica mais fácil fazê-las ouvir argumentos racionais e expressar seu próprio ponto de vista de maneira mais razoável.

Mantenha-se neutro

Já examinamos a necessidade de você se manter neutro, e isto é particularmente importante quando as emoções estão exaltadas. É essencial que as pessoas notem que você não está do lado de ninguém em particular, e sim do grupo como um todo. O seu objetivo é resolver a questão de maneira amigável e sensata, e sem perder tempo com isso. Portanto, seja lá o que você fizer:

Evite envolver-se na discussão

Assim que você sentir emoções exaltadas no ar, peça à pessoa em questão para expressá-las

RIR É PRECISO

O humor é uma das melhores armas para se restabelecer a calma e as boas relações, e a oportunidade de rir pode agir como válvula de escape para todos, não apenas para aqueles que estão no centro da discussão. Mas tome cuidado para que não se ria às custas de ninguém da reunião.

- **Não fique colocando culpa em ninguém.**
- **Não critique ninguém por exaltar-se – as pessoas têm esse direito, desde que expressem sua opinião sem partir para ataques pessoais.**
- **Não se descontrole, caso contrário você também perderá credibilidade e respeito.**

É claro, há vezes em que o comportamento de alguém em uma reunião realmente ultrapassa os limites. Não importa qual seja a provocação, é inaceitável que chegue às raias da violência ou que seja levada totalmente para o lado pessoal. Mas, se alguém da sua equipe merecer uma repreensão por esse tipo de comportamento, faça-o mais tarde, numa conversa particular. Passar uma descompostura em alguém diante dos colegas em plena reunião irá apenas aumentar a raiva dessa pessoa, além de ser uma atitude totalmente antiprofissional.

Envolva o resto do grupo

Quando duas pessoas zangadas se engalfinham, costumam ficar cegas para o que está acontecendo à sua volta. Uma das melhores técnicas para diluir a emoção delas é simplesmente trazer outras pessoas para o debate. Logicamente, se você pedir aos outros para dizer qualquer bobagem sem importância, só contribuirá para aumentar a polêmica, com isso arrastando o resto da equipe para a discussão.

O truque é mudar de assunto sutilmente. Fique no mesmo tópico, mas peça a outra pessoa que diga sua opinião sob um outro ângulo. Procure algo que leve em frente a discussão (afinal, você também tem um limite de horário especificado para terminar esse item, não se esqueça). O ideal é acrescentar novos fatos, introduzir uma nova perspectiva ou lançar luz sobre a causa do problema.

Suponha que a discussão seja sobre se o novo catálogo deve ser atrasado para incorporar a nova linha de produtos de outono ou se deveria ficar pronto a tempo de seguir pela mala direta de novembro. Você poderia convidar alguma outra pessoa para o debate dizendo, por exemplo:

- **Helena, já faz quatro ou cinco anos que você trabalha com isso. Como foi que fizemos nesses anos?**
- **Tomás, o catálogo ficaria pronto até novembro?**

Tereza, e se fizéssemos catálogos suplementares para os novos produtos? Era assim que você fazia na última empresa em que trabalhou, não era?

O que se procura aqui não é calar as partes discordantes, e sim acalmá-las. Pessoas enfurecidas também podem ter algum argumento válido, e podem até estar com a razão. Portanto, não exclua o ponto de vista delas; apenas dê-lhes algum tempo para relaxarem e se acalmarem, enquanto os outros falam.

Atenha-se aos fatos

Esta técnica é outro modo útil de impedir que os ânimos se exaltem. Se as pessoas expressarem opiniões, fatalmente irão tomar partido de alguma forma. Por isso, evite opiniões e atenha-se aos fatos. Contra eles é muito mais difícil argumentar. Pergunte coisas do tipo "Como foi que fizemos no passado?" ou "Qual seria o custo de mais dois catálogos?" Se alguém tentar responder com opiniões, simplesmente diga "Por ora, vamos nos ater aos fatos..." e então repita a pergunta.

Controle a tendência dominante

Um dos outros principais problemas relacionados a gente que você poderá encontrar em suas reuniões é aquele tipo de pessoa dominante, que tende a "esmagar" os membros mais fracos da equipe. Não se trata necessariamente de um impulso agressivo, note bem. É que algumas pessoas são naturalmente falantes e seguras de si, ao passo que outras não o são. E algumas dessas pessoas às vezes deixam de levar em conta as opiniões daqueles que não têm coragem de abrir a boca. Só que você *deve* levar em conta a opinião deles. Mas qual é a melhor maneira de lidar com isso?

É preciso uma abordagem de mão dupla. Primeiro, você precisa manter as personalidades mais exuberantes sob controle. E segundo, precisa incentivar as mais recatadas a falar. Não é tão difícil: o importante é perceber o momento em que é preciso agir. Se notar o tipo falante tentando dominar a cena, você pode dizer: "Um minutinho, Pedro. André, você queria dizer alguma coisa?" Deixe que os membros dominantes do grupo expressem suas opiniões, mas depois crie um espaço para que os outros também possam fazer seus comentários. (Mas, cuidado para não forçar comentários de pessoas que não tenham nada a dizer, senão você simplesmente as constrangerá..) Uma coisa para a qual você deve ficar atento, neste caso, é não tomar partido, você já sabe – e isso também inclui cuidar para que não pensem que você está tomando partido dos mais fracos.

Se precisar usar métodos mais enérgicos, aqui vão algumas dicas:

Mantenha sob controle as personalidades mais exuberantes e incentive as mais recatadas a falar

pense rápido

POR ESCRITO

Se na sua equipe houver pessoas que tendem a dominar a cena repetindo suas idéias indefinidamente, registre todas as sugestões em um quadro ou flip chart. Uma vez anotada e exposta a idéia, a pessoa terá certeza de que não precisará repetir. E, com isso, você poupará tempo e seguirá em frente com a reunião.

- **Promova uma rodada para discutir algum item ocasionalmente, fazendo cada pessoa opinar na sua vez. As pessoas em geral cooperam com esse processo ligeiramente mais formal, ficando em silêncio enquanto os outros falam.**
- **Se alguns se intimidarem por ser mais novos e não gostar de discordar dos membros mais antigos da equipe, peça-lhes para dar a sua opinião primeiro, antes de ouvir os mais velhos.**
- **Institua a regra de que ninguém pode interromper ou discordar antes de resumir o que o colega anterior falou. Isso assegura que todos escutem apropriadamente, preservando a clareza e desacelerando os mais velozes.**

SEJA POSITIVO

Um dos maiores perigos que se corre, ao conduzir reuniões, é conseguir discutir toda a pauta no tempo aprazado, tomar todas as decisões e definir todas as providências, mas... elas não são as melhores decisões e providências.

Quando o tempo é curto, é especialmente importante que você chegue às *melhores* decisões. Por um lado, você não pode ser dar ao luxo de ser improdutivo, e por outro, terá de conviver com essas decisões. Na sua vida não haverá tempo para voltar atrás daqui a seis meses, tentando achar alternativa melhor ou consertar o estrago criado por uma decisão errada.

Há três regras essenciais para assegurar que a equipe chegue às melhores decisões em suas reuniões:

1 Adote o tom apropriado.
2 Não acate a primeira solução.
3 Seja criativo.

Adote o tom apropriado

Você já deve ter participado de reuniões suficientes na vida para saber do que estou falando. Quantas vezes as reuniões acabam se concentrando em pontos negativos, nos problemas, nas dificuldades? Será

use a cabeça

O PODER DO PENSAMENTO POSITIVO

Se a equipe se mostrar pessimista em relação à existência de uma boa solução, lembre-lhes a frase de Henry Ford a respeito do tema: "Quer acredite que possa, quer acredite que não possa, você tem toda a razão."

que existe mesmo alguma solução decente? As pessoas se deleitam em achar defeitos nas idéias umas das outras, sem propor qualquer alternativa viável.

Manter uma atitude positiva depende em grande parte do ambiente que você cria na reunião. Deixe claro que sempre existe uma boa solução, e ela pode ser encontrada se todos a procurarem. Incentive novas idéias – mesmo que não lhe pareçam particularmente promissoras – e mantenha aceso o entusiasmo com observações positivas: "Certamente podemos ir nessa linha", "Bem pensado!", ou "Tenho certeza de que a gente vai conseguir achar uma saída."

É também preciso reduzir ao máximo o negativismo. Algumas pessoas são naturalmente cautelosas e não há qualquer problema nisso – a bem da verdade, sem elas, acabaríamos nos metendo em muita encrenca. Mas não permita que se instale uma busca cega por defeitos. Comentários negativos devem ter um propósito relevante e útil.

pense rápido

TERIA UMA SUGESTÃO MELHOR?

Se tiver o azar de contar com um bando de negativistas na equipe, você poderia instituir uma regra no sentido de que ninguém poderá dizer 'não' a uma idéia, a menos que tenha uma alternativa melhor para sugerir. Se isso lhe parecer muito restritivo, faça a regra valer apenas quando sentir que o clima está ficando negativo demais.

Rejeitada uma idéia, não deixe que se discuta mais sobre ela. Não há tempo para tanto, e isso também afetaria o clima da reunião. Portanto, não permita comentários do tipo: "Vou lhe dar outra razão por que isso não daria certo..."

Não acate a primeira solução

Há um filme de Woody Allen em que alguém diz: "Eu sei a resposta!", e em seguida a relata. Allen retruca: "Essa não é *a* resposta: é *uma* resposta. E é a resposta errada." Só porque uma solução parece cabível, isso não a torna a única, nem a melhor. Mas, muitas vezes, em uma reunião, chega-se a uma primeira solução possível e depois se pára de procurar.

Por exemplo, no caso daqueles catálogos, você poderia se decidir por ter apenas um catálogo para o momento, e fazer um segundo posteriormente, para os novos produtos a serem lançados no outono. Mas, se tivesse continuado em busca de idéias melhores, talvez tivesse encontrado alguma. Que tal uma tiragem limitada de catálogos agora e um adendo a ser grampeado no miolo do catálogo, quando for rodada uma nova impressão?

Tudo isso é muito bonito na teoria, mas, como é que você vai saber se já esgotou a discussão de todas as possíveis soluções? Afinal de contas, você não tem tempo para continuar sustentando o debate indefinidamente, em busca de uma improvável solução melhor, se é que vai ter a sorte de encontrá-la.

Só porque uma solução parece cabível, isso não a torna a única

A resposta é que raramente se sabe com segurança, mas, pelo menos, fica a certeza de que você se esforçou ao máximo. Um clima positivo já é um bom começo, mas há outras técnicas, também:

- **Incentive todos a fazer sugestões; não deixe que uma só pessoa fale e impeça os outros de opinar.**
- **Registre todas as idéias e sugestões em um quadro ou flip chart. Isso estimula o pensamento positivo – todos podem ver para onde está indo a discussão. As pessoas gostam de ver suas idéias anotadas por escrito, e podem usar outras sugestões como inspiração para suas próprias idéias.**
- **Promova rodadas de vez em quando, pedindo a cada um idéias e sugestões positivas.**

O princípio norteador de todas essas técnicas é o mesmo: quanto mais soluções forem sugeridas, menor a chance de que a melhor venha a ser omitida.

Seja criativo

Logicamente, se você quiser que as pessoas proponham idéias e sugestões úteis, estará pedindo que elas sejam criativas. Ao contrário da crença popular, todos somos capazes de ser criativos, mas a maioria de nós precisa de estímulo para tanto. Isso cabe a *você*.

O caminho para gerar boas idéias é criar muitas idéias. As pessoas criativas mais famosas da história, de Arquimedes a Einstein, não tinham taxas muito maiores de idéias brilhantes do que o resto dos mortais. Elas eram simplesmente prolíficas. Se uma idéia em cada dez for boa, e uma em cada cinqüenta for excepcional, uma reunião que gere cem idéias terá muito melhor resultado do que uma que gere apenas cinco. A coisa é simples assim. Por isso, para estimular cem idéias, em vez de cinco:

- **Acolha todas as sugestões, por menos promissoras que pareçam – elas poderão ser o ponto de partida para uma idéia excepcional.**
- **Escreva todas as sugestões em um flip chart, para que os outros possam fazer novos acréscimos.**
- **Não permita que idéia alguma seja criticada ou refutada – isso desestimulará os outros de apresentar novas sugestões.**
- **Incentive as pessoas a serem excêntricas, extravagantes e ousadas em suas idéias.**
- **Conceda a todas as idéias o mesmo valor.**
- **Como sempre, permaneça neutro; não dê motivo para que ninguém pense que você está favorecendo uma idéia em detrimento de outras.**

Quando o estoque de idéias parecer esgotado, você poderá escolher a mais auspiciosa dentre aquelas que têm mais pontos positivos – sem necessidade de ser explícito ou negativo a respeito das idéias rejeitadas. Examine as idéias mais positivas antes de fazer sua escolha final.

Chegando a um consenso

Em uma reunião de equipe, tomar decisões significa em geral buscar consenso – pelo menos quando se trata de decisões importantes. Você quer que toda a equipe participe da decisão e se sinta co-responsável por sua aprovação, portanto, todos têm de apoiá-la. Em outras palavras, você precisa chegar a um consenso.

Há um conceito errôneo bastante difundido de que uma decisão consensual é aquela que foi aprovada por unanimidade. Se isso fosse verdade, ficaria difícil entender de que maneira é tomada a maioria das decisões. Entretanto, insistir em uma decisão de consenso evita que se adote uma decisão por maioria em que a minoria discorde veementemente. Se você fizer isso, terá uma pequena facção dentro da equipe que não se sentirá comprometida com a decisão.

Então, o que você precisa é de consenso – uma decisão que, embora não sendo necessariamente a primeira opção de todos, possa ainda assim ser aceitável para toda a equipe. Uma decisão com a qual todos possam conviver, mesmo não sendo exatamente o que queriam. Se você explicar à sua equipe o valor de um consenso – que ninguém é obrigado a se submeter a uma decisão de que discorde fundamentalmente – ficará surpreso ao ver que os membros acharão um modo de chegar a ele.

para a próxima vez

As técnicas descritas neste capítulo são fáceis de implementar, quer você esteja correndo contra o relógio, quer não. Na verdade, a circunstância em que você mais precisa delas é quando está sob pressão. Mas umas requerem um pouquinho mais de prática do que outras.

Lidar com pessoas difíceis em reuniões é uma grande habilidade. Comece aprendendo a lidar com os tipos difíceis que você já tem na equipe. Sabendo de antemão que em todas as suas reuniões vai haver uma prima-dona, um choramingão ou um provocador cínico, comece aprendendo o que pode fazer para coibir as características mais negativas dessas pessoas.

Outra área em que você pode desenvolver habilidades para tornar suas reuniões mais produtivas, e nem por isso mais longas, é no pensamento criativo. Se puder ensinar os membros de sua equipe a ser criativos em reuniões, descobrirá um efeito multiplicador que os tornará mais criativos fora das reuniões também. Antes do que você imagina, uma explosão de idéias luminosas surgirá em seu departamento.

Há numerosas técnicas criativas que você pode empregar em reuniões, desde o brainstorming (como já vimos anteriormente) até os seis chapéus pensantes de Edward de Bono*. Essas técnicas tornam as reuniões divertidas e imensamente produtivas, além de lhe trazer uma senhora reputação, se você as usar regularmente. Compre um livro sobre criatividade empresarial e comece a introduzir algumas técnicas novas em suas reuniões – pronto, aí já vai uma idéia!

*NT - Professor em Oxford, Cambridge e Harvard, Edward de Bono é especialista na área do pensamento criativo e autor de inúmeros livros sobre o tema. Os seus "Seis Chapéus Pensantes" exploram seis cores (branco, vermelho, preto, amarelo, verde e azul) que representam seis atitudes mentais cujo conjunto levaria o praticante a pensar com máxima eficiência.

O que você precisa é de consenso – uma decisão que, embora não sendo necessariamente a primeira opção de todos, possa ainda assim ser aceitável para toda a equipe

6 tipos de reunião

Todas as orientações dadas até este ponto do livro são genéricas, referindo-se à condução de reuniões de equipe. Mas certos tipos de reuniões de equipe têm orientações específicas. Fazer uma reunião de caráter informativo, por exemplo, não é exatamente o mesmo que fazer uma reunião de projeto. Por isso, este capítulo fornece um breve resumo do que você precisa saber em relação aos tipos mais comuns de reunião de equipe. Por exemplo:

- **reuniões periódicas de departamento**
- **reuniões interdepartamentais**
- **reuniões de projeto**
- **reuniões informativas.**

Se estiver com pressa, leia apenas aquela que se aplica a você neste momento. Mais tarde, com calma, você poderá retornar e ler o restante.

As idéias devem entrar em choque, não as pessoas

REUNIÕES PERIÓDICAS DE DEPARTAMENTO

A coisa mais importante a respeito de reuniões periódicas de departamento (você sabe, aquelas de toda segunda-feira de manhã ou alguma outra que se aplique ao seu caso) é que são a única ocasião em que o departamento realmente existe fora do papel. No restante do tempo, as pessoas trabalham sozinhas, em duplas e em trios. Essa é a oportunidade que elas têm de se unir como equipe e reforçar sua identidade de grupo. Por isso, essa é a oportunidade que você tem para cultivar o verdadeiro espírito de equipe. Para tal, é preciso que as reuniões tenham um clima alegre e proporcionem coesão ao grupo.

A maior ameaça a isso é a batalha por *status*. Muitos vêem na reunião de equipe a oportunidade de ouro para afirmar seu lugar na hierarquia. Isso pode levar a demonstrações triunfalísticas e até gerar brigas por supremacia em relação a certas questões. O importante é lembrar que as idéias podem entrar em choque, não as pessoas.

Sua neutralidade, logicamente, é da maior importância. Mas neutralidade não quer dizer silêncio – pode-se mostrar que se está a favor, desde que seja em doses iguais. Quando as pessoas estão brigando por *status* e posição na hierarquia, é da sua aprovação que elas estão em busca. Portanto, faça com que todos sintam que estão no caminho certo. Esfrie discussões antes que elas escapem do controle com intervenções do tipo: "Você não deixa de ter

II pense rápido

ENCURTE A PAUTA

Um dos principais erros cometidos pelas pessoas que conduzem reuniões de departamento é colocar itens demais na pauta. Especificamente, elas tendem a incluir itens que só dizem respeito a uma ou duas pessoas da equipe. Já que você não pode se dar ao luxo de perder tempo em reuniões, procure fazer com que essas questões sejam tratadas fora da reunião. Conversas informais ou reuniões menores, com ou sem você, podem dar conta de uma série de itens e poupar o tempo de todo mundo.

razão quanto a isso, Carlos, mas a Helena também está totalmente certa quando diz que os prazos de entrega deveriam ter maior prioridade."

Por que estamos aqui?

Reuniões de departamento costumam sofrer um perigo comum: elas se tornam repetitivas, tendendo a recorrer a pautas antigas para coligir os tópicos da reunião desta semana ou deste mês. É fácil esquecer a real função do departamento – o que remete ao seu objetivo original. Portanto, procure sempre avivar a sua reunião e reforçar o verdadeiro foco da equipe, acrescentando itens do tipo "Por que estamos aqui?" (a não ser, é claro, que a pauta já esteja repleta esta semana).

Volte-se para as grandes questões. Por que as entregas demoram tanto? Por que estamos perdendo muitos clientes novos? Não fique preso a questiúnculas como pessoal para horas extras e atualizações de reparos de máquinas. Você poderá obter algumas idéias valiosíssimas, o pessoal se sentirá envolvido com o que realmente interessa e será lembrado do porquê de todos estarem ali.

Reuniões interdepartamentais

O maior problema que você tende a enfrentar em reuniões interdepartamentais é a guerrinha por território. Cada chefe de departamento lutando pelo seu espaço, puxando a sardinha para o seu lado. E

use a cabeça

VIGIE OS CUSTOS

Reuniões custam caro, mas poucas pessoas têm noção do quanto elas custam. É fácil calcular o custo de uma reunião periódica de equipe, além de ser altamente ilustrativo. Feitas as somas, você pode aplicá-las sempre. Calcule o custo do tempo de cada pessoa – você sabe o salário delas – e depois some a renda que poderiam estar ganhando, caso não estivessem na reunião: vendas perdidas, unidades incompletas na produção ou o que seja. Sua reunião pode tranqüilamente estar custando milhares, talvez até centenas de milhares de reais, por hora.

chefes de departamento, além do mais, tendem a ser tipos bastante seguros de si, de forma que você pode acabar com a sala cheia deles, um esmurrando o outro. Mas é mais comum que haja dois combatentes principais – pelo menos em situações específicas. O pessoal de *marketing* talvez viva provocando o pessoal da distribuição, e o da contabilidade e o de pessoal estão em permanente guerra fria.

Você não precisa – nem deve – ter a esperança de estabelecer a paz universal e acabar com todos os conflitos. A raiz do problema está na genuína lealdade que as pessoas têm em relação às suas equipes. Então, o que você pode fazer para que a reunião seja produtiva e transcorra em um clima razoavelmente bom? Bem, aqui vão algumas dicas:

- **Se você antevê conflitos, chame as duas partes para uma conversa particular antes da reunião. Diga para uma: "Este plano é sensato, mas vai gerar alguns problemas para o pessoal de marketing. Você conseguiria pensar em alguma maneira de facilitar as coisas para eles?" Ao chamar o gerente de marketing, você poderia dizer: "Isso vai ser um problema para você, eu sei. Mas será um enorme avanço para a distribuição. Gostaria que você ponderasse se não haveria um meio-termo que pudesse ser bom para ambos."**
- **Se dois membros da equipe interdepartamental estiverem em discordância irreconciliável, peça que ambos se reúnam, conversem e voltem para a próxima reunião com uma recomendação conjunta (isso os fará pensar duas vezes antes de criar confusão em uma de suas reuniões novamente).**

use a cabeça

PARABÉNS!

Há os mais variados tipos de tendências inconscientes em reuniões, é claro, especialmente nas interdepartamentais. Todos estarão disputando a sua aprovação; por isso, use as reuniões para congratular as pessoas publicamente por suas contribuições. "Pedro, aquela sua idéia para agilizar o atendimento de chamadas já reduziu as reclamações em 45 por cento. Muito bem!" Não é preciso parabenizar todas as pessoas igual número de vezes, mas procure ser justo em relação ao que merece elogio e a quem o recebe.

Use qualquer oportunidade de unir a equipe conversando sobre ameaças externas – concorrentes, nova legislação preocupante, recessão, a alta do dólar ou alguma outra preocupação de ordem coletiva. Programe esse tipo de tópico para vir na seqüência de questões polêmicas, a fim de que possa reunificar o grupo.

Reuniões de projeto

Reuniões de projeto são, por natureza, muito focadas. Pode haver inúmeros aspectos diferentes do projeto para discutir, mas assim mesmo serão limitados ao âmbito do próprio projeto . Você precisa manter aceso o entusiasmo pelo projeto e fazer com que todos trabalhem dentro dos prazos; portanto, o clima da reunião deve ser positivo e alegre, com um certo senso de urgência no ar (ótimo para quem quer gastar o menor tempo possível em reuniões!).

Reuniões de projeto requerem disciplina, tanto em relação à reunião em si quanto ao projeto propriamente dito:

- **Disciplina em relação à reunião é fundamental. Fazer uma reunião de projeto é essencialmente lidar com verificação de orçamentos, prazos, qualidade e problemas. E contornar as pequenas dificuldades que vão surgindo. Portanto, não deixe que a reunião se desvie do ponto principal. Mantenha-a bem focada, e focada no futuro. Esse não é o lugar para ficar martelando sobre a razão do atraso no cronograma; simplesmente concentre-se em como voltar**

use a cabeça

FLEXIBILIZANDO O COMANDO

Tente passar a diferentes membros da equipe a incumbência de conduzir as suas reuniões de projeto – ou parte delas. Equipes de projeto funcionam melhor quando cada um tem a chance de trabalhar para o grupo como um todo, ao invés de se concentrar em trabalhar apenas para seu chefe imediato. As hierarquias podem atrapalhar um pouco esse exercício. Um funcionário mais novo do departamento poderá estar encarregado de parte do projeto em que tenha autoridade sobre funcionários hierarquicamente superiores. Isso pode ajudar a flexibilizar as linhas tradicionais de comando.

a trabalhar dentro dele. O passado é importante apenas no sentido de lançar luz sobre o futuro. Se a compreensão do motivo do atraso ajudar a prevenir nova ocorrência, ótimo. Mas não comece a fazer recriminações, nem colocar culpa nos outros.

- **Disciplina em relação ao projeto significa que, uma vez em andamento, o seu plano original deve ser seguido à risca. Pode ser bastante tentador mudar de rumo porque alguém teve uma ótima idéia para fazer as coisas de modo diferente. Mas é assim que os projetos desandam e começam a sofrer atrasos. A menos que haja uma razão realmente excepcional para mudar, não mude.**

Reuniões informativas

Uma das mais bem-sucedidas abordagens para comunicação dentro de organizações é a chamada reunião informativa (“*team briefing*”), um sistema originalmente criado pela *Industrial Society**. Se você ainda não faz reuniões informativas, é uma boa idéia introduzi-las (assim que tiver tempo). Elas são diferentes de outras reuniões de equipe porque todos os tópicos nela abordados são apenas para informação, não para decisão. Portanto, o melhor em relação a elas é que você não precisa se esfalfar para fazer circular uma pauta com antecedência.

*NT: Sociedade fundada na Inglaterra em 1918 pelo reverendo Robert Hyde, baseada no princípio de que a riqueza não precisa ser conquistada às custas da dignidade humana e que chefes e empregados podem prosperar trabalhando juntos para um propósito comum, sem que nenhuma das partes explore a outra. Recentemente mudou sua denominação para The Work Foundation. Seu site na Internet é www.theworkfoundation.com.

> **Uma das mais bem-sucedidas abordagens para comunicação dentro de organizações é a chamada reunião informativa (“team briefing”)**

A abordagem ideal é envolver toda a empresa, do presidente ao faxineiro, promovendo reuniões em que todos os chefes de equipe recebam informações e, por sua vez, as transmitam às suas próprias equipes. Se sua equipe fizer parte de uma organização maior que não tenha o hábito de realizar reuniões informativas, seria bom recomendá-las. Enquanto isso, você pode operar um sistema reduzido com sua própria equipe, mesmo sem o apoio da diretoria.

Os princípios que norteiam uma reunião informativa de equipe são:

- **As pessoas não podem cooperar inteiramente, se não souberem o que está acontecendo.**
- **A melhor forma de transformar um grupo de pessoas em uma equipe é conversar com elas como equipe, sobre assuntos que a elas interessem.**
- **O fato de ser você a pessoa a conduzir a reunião informativa fortalece sua posição e demonstra de forma efetiva, porém sem confrontos, que você está no comando.**

Para que as reuniões informativas funcionem bem, a *Industrial Society* identificou cinco regras às quais você precisa aderir. As reuniões informativas precisam ser feitas:

1 cara a cara
2 em pequenos grupos de 4 a 15 pessoas
3 pelo chefe da equipe
4 periodicamente (de preferência mensalmente)
5 com assuntos relevantes para a equipe.

Monitoramento

Se sua equipe é parte de um sistema informativo maior, ou se houver equipes dentro de sua equipe que promovam suas próprias sessões informativas, há uma sexta regra a observar: essas sessões devem ser monitoradas. Isso significa que, se você fizer sessões informativas com os membros mais graduados de sua equipe, e esses, por sua vez, fizerem sessões com suas respectivas equipes, você precisará:

- **Verificar se eles estão acrescentando informações ao conteúdo que você transmitiu originalmente, que sejam "locais" ou específicas às equipes deles.**
- **Comparecer a essas sessões de vez em quando (mas apenas como observador).**
- **Fazer verificações ocasionais e aleatórias com membros da equipe deles para avaliar a eficácia dessas sessões informativas.**

Tomando essas precauções, você assegurará que o sistema continue eficaz e íntegro, sem sofrer deturpações ao longo da cadeia de transmissão das informações.

A reunião informativa

Reuniões ou sessões informativas de equipe devem durar cerca de meia hora. A *Industrial Society* recomenda que sejam transmitidas à equipe informações classificadas em quatro categorias – os quatro "pês":

1 **Progresso.** Informe à equipe resultados de desempenho. Ela alcançou as metas do último mês? Como se mostra esse desempenho, comparado ao de outras equipes da empresa ou ao de concorrentes? Quais novos pedidos ou encomendas entraram? Algum sucesso ou fracasso digno de menção? A concorrência lançou algum novo produto?

2 **Política.** Esta seção trata de eventuais mudanças em sistemas, novos prazos de entrega, esquemas em relação a feriados, novas legislações que afetem a equipe, cursos de treinamento, planos de aposentadoria e assim por diante.

3 **Pessoas.** Novos membros ingressando na equipe, membros deixando a equipe (inclusive por que e para onde estão indo), novo superintenden-

pense rápido

ARQUIVO PERMANENTE

Em vez de se sentar e ficar dando tratos à bola para lembrar de tudo o que você não pode deixar de incluir na pauta, antes da reunião informativa, é muito mais prático manter uma pasta em que você possa ir colocando continuamente suas anotações, lembretes ou documentos para comentar na próxima reunião. Assim, quando for fazer a pauta, já estará tudo lá – uma maneira muito mais rápida de se preparar, garantindo também uma pauta bastante abrangente.

te ou diretor, mudanças em outros departamentos com os quais a equipe trabalhe, promoções (inclusive por que), horas extras, transferências ou mudanças de local de trabalho, absenteísmo, designação de funcionários para trabalhar em feiras ou exposições, e assim por diante.

4 **Providências.** Informações de ordem prática, tais como novas medidas de segurança que precisem ser tomadas, sugestões a serem colocadas em prática, prioridades de manutenção, correção de boatos, detalhes administrativos e coisas do gênero.

Uma reunião informativa é apenas isso – para informar. Não é uma discussão. Você já elaborou (sem circular) a pauta com antecedência e deve trabalhar em cima dela:

para a próxima vez

Pense a respeito do tipo de reunião que você vai fazer e que tipo específico de tratamento ela requer. Leve em conta as personalidades dos participantes e reflita um pouquinho sobre possíveis conflitos e a melhor maneira de lidar com eles. A partir do momento em que for capaz de fazer reuniões de equipe rápidas e produtivas, você verá sua reputação subir vertiginosamente e – o melhor de tudo – sua agenda até poderá começar a ter alguns espaços em branco (é só brincadeira...).

Uma reunião informativa é apenas isso. Não é uma discussão

- Estimule perguntas, mas não debates. Se as pessoas quiserem informações, explicações ou razões mais pormenorizadas, tente fornecê-las, porém sem entrar em discussões. Caso perceba o início de uma polêmica, explique que esta não é a ocasião para isso, mas que você estará à disposição se os membros da equipe quiserem levantar a questão em outra oportunidade.
- Incentive comentários e sugestões e anote-os, mas não os discuta agora. Você pode marcar uma sessão individual ou em grupo para essa finalidade mais tarde, se necessário.
- Se alguém lhe perguntar alguma coisa que você não saiba, pesquise e responda à pessoa em no máximo um ou dois dias.
- Verifique se o pessoal entendeu algo eventualmente complicado, fazendo perguntas para ter certeza de que o assunto está claro para todos.
- Resuma os pontos principais ao final da reunião.
- Encontre algo positivo para o encerramento da reunião, para que as pessoas saiam em alto astral.
- Não se estenda além da hora – 30 minutos são mais do que suficientes.
- Informe a data da próxima reunião, para que todos possam agendá-la, assegurando sua participação.
- Se alguém não puder estar presente à reunião, dê-lhe você mesmo as notícias, quando a pessoa voltar.

À semelhança de todas as reuniões de equipe, as reuniões informativas não apenas tratam dos itens em pauta, mas também consolidam o grupo e reforçam a sua posição como chefe de pessoal.

reunião de equipe em dez minutos

Nossa! Faltam dez minutos para a reunião e você ainda nem começou a prepará-la? O melhor que você tem a fazer é telefonar a todos e atrasar a reunião por uma hora – ou, melhor ainda: cancele-a. Mas, nem sempre isso é possível. Nesse caso, procure ater-se ao essencial. Você só terá tempo para isso.

Se você está lendo este livro, é evidente que quer as dicas. Pois lá vão elas:

- **Leia as três primeiras páginas do Capítulo 1 para que saiba como definir um objetivo. Sei que você acha isso uma perda de tempo, mas, como você não tem tempo para discutir, apenas faça-o.**

- No seu processador de textos, escreva uma lista de itens que na sua opinião deveriam constar da pauta.
- Confronte a lista com o seu objetivo. Se algum item não ajudar a alcançar o seu objetivo, não merece estar na pauta. Livre-se dele.
- Agora elimine qualquer item que possa esperar até a próxima reunião ou ser tratado fora dela – por você ou por qualquer outro (mas anote o item em algum lugar, para que não acabe sendo esquecido).
- Agora a sua pauta deve estar o mais enxuta possível. Não importa o quão pequena ela seja – quando foi a última vez que você ouviu alguém reclamar que uma reunião foi curta demais?
- Agora ordene os itens segundo algum critério. Itens urgentes primeiro. Itens que exijam prontidão e criatividade da equipe, também no começo da pauta. Reúna-os em grupos lógicos. E procure não discutir nada que dependa do resultado de algum item que você só irá abordar posteriormente.
- Agora leia o terceiro tópico do Capítulo 2, sobre como acrescentar detalhes à pauta. Use algum eventual minuto restante para fazer isso. Inclua os aspectos específicos de cada item que você queira abordar e também informe se esse item é para informação, ação ou decisão.
- Imprima uma cópia da pauta para todos os participantes. Ela poderá ter sido feita de última hora e não ter circulado com antecedência, é verdade, mas mesmo assim estará livre dos defeitos que costumam comprometer a maioria das pautas.

Quando foi a última vez que você ouviu alguém reclamar que uma reunião foi curta demais?

Outros Títulos de Interesse

O Mito da Excelência

or que as empresas líderes nunca tentam ser as melhores em tudo

ed Crawford e Ryan Mathews

Acreditando que ainda estão em posição de ditar os termos do relacionamento comercial empresa *versus* consumidor, as empresas adotaram a teoria obviamente falsa e destrutiva de que uma empresa deve ser a melhor em tudo o que faz, em todos os componentes de qualquer transação comercial.

O Mito da Excelência, ao contrário, sugere que as empresas se engajem na Relevância ao Consumidor, uma estratégia para dominar um dos elementos de uma transação, diferenciar-se em um segundo e estar no padrão mínimo nos outros três. O livro oferece a oportunidade de se começar a ter um diálogo verdadeiro com os consumidores.

arketing de Serviços Profissionais

ratégias inovadoras para impulsionar sua atividade, sua imagem e seus lucros

ilip Kotler, Thomas Hayes e Paul N. Bloom

Esta segunda edição de *Marketing de Serviços Profissionais* oferece orientações sobre como raciocinar estratégica e analiticamente sobre os cenários de marketing de serviços profissionais. Indo além da teoria, o texto permite uma sólida compreensão dos princípios de marketing que podem ser facilmente aplicados, produzindo resultados lucrativos.

Diferente do marketing de bens e serviços convencionais, o marketing de serviços profissionais apresenta questões e problemas específicos. Reconhecendo as necessidades de quem comercializa serviços profissionais, esta obra essencial apresenta orientações sólidas e aprofundadas, bem como estratégias e técnicas especialmente desenvolvidas para os provedores de serviços profissionais.

ditora Manole

Manole

Impressão e Acabamento
Oesp Gráfica S.A (Com Filmes Fornecidos Pelo Editor)
Deptº Comercial Alameda Araguaia, 1901 - Barueri - Tamboré
Tel. 4195-1805 Fax 4195 - 1384